Natur

108 Zitate

von Amma

Natur – 108 Zitate von Amma

Veröffentlicht von:

    Mata Amritanandamayi Center
    P.O. Box 613
    San Ramon, CA 94583
    Vereinigte Staaten

––––––––––108 Quotes on Nature (German) ––––––––––

International: www.amma.org
In Deutschland: www.amma.de
In der Schweiz: www.amma-schweiz.ch

Im vorliegenden Buch möchten wir so nahe wie möglich an den ursprünglichen spirituellen Lehren bleiben. Dafür wird, sofern möglich, eine sprachlich etablierte geschlechtsneutrale Formulierung genutzt. Wo dies nicht der Fall ist, wird zur besseren Verständlichkeit das generische Maskulinum verwendet. Auch in diesem Fall sind jedoch Personen mit allen, inkl. non-binären, Geschlechtsidentitäten immer ausdrücklich mitgemeint und angesprochen.

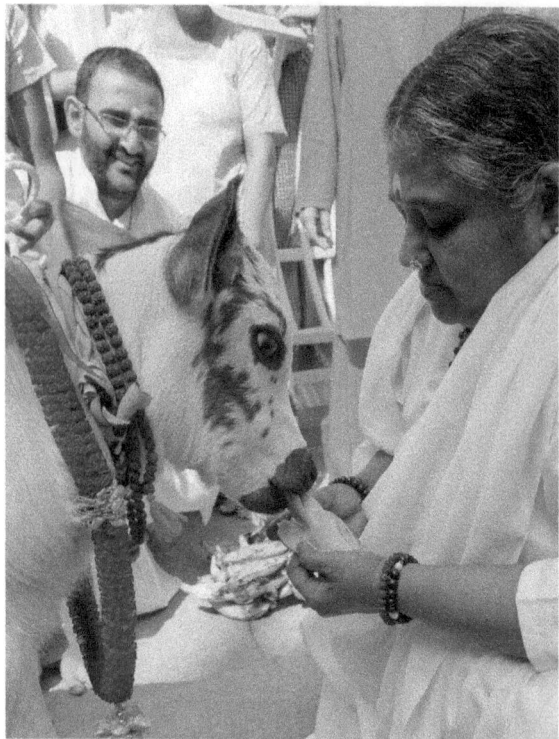

1

Die Natur ist Gottes sichtbare Form, die wir durch unsere Sinne wahrnehmen und erfahren können. Indem wir die Natur lieben und uns um sie kümmern, verehren wir damit Gott. Lasst uns versuchen, diese Haltung wieder zu erwecken.

2

Es gibt eine Wahrheit, die durch die gesamte Schöpfung leuchtet. Gott ist das reine Bewusstsein, das in allem wohnt. Flüsse, Berge, Pflanzen, Tiere, die Sonne, der Mond und die Sterne, du und ich... wir alle sind Ausdruck dieses einen Bewusstseins. Indem wir diese Wahrheit in unser Leben integrieren und dadurch ein tieferes Verständnis erhalten, können wir die innewohnende Schönheit in der Vielfalt entdecken.

3

Unsere wahre Natur ist wie der Himmel, nicht wie die Wolken. Unsere wahre Natur ist wie das Meer, nicht wie die Wellen. Wolken und Wellen kommen und gehen. Der Himmel und das Meer bleiben.

4

Die Natur ist ein unverzichtbarer Teil des Lebens auf der Erde. Alles ist auf die Natur angewiesen, um zu leben. Wir sind nicht anders als die Natur; wir sind ein voneinander abhängiger Teil von ihr. Unser Leben hängt vom Wohlergehen des Ganzen ab. Daher ist es eine unserer wichtigsten Pflichten, liebevoll für alle Lebewesen zu sorgen.

5

Schau, wie mühelos die Natur Hindernisse überwindet. Liegt ein Stein auf dem Weg einer winzigen Ameise, läuft sie einfach um ihn herum und setzt dann ihren Weg fort. Wenn dort, wo ein Baum wächst, ein Fels liegt, wächst der Baum einfach um den Fels herum. Ebenso fließt ein Fluss um einen Baumstamm, der seinen Weg blockiert. Auch wir sollten lernen, uns allen Lebensumständen anzupassen und sie mit Geduld und Begeisterung zu überwinden.

6

Wenn wir Frieden und Harmonie in uns selbst finden, kommt das der Natur zugute und spiegelt sich in der ganzen Schöpfung wider. Haben wir allerdings keinen inneren Frieden, geht auch die Harmonie in der Natur verloren. Zum Beispiel gibt es heute an vielen Orten der Welt entweder zu viel Regen oder zu wenig; dies ist ein Spiegelbild unserer eigenen Disharmonie mit der Natur. Sobald der Mind in Harmonie ist, wird sich die Harmonie der Natur spontan einstellen. Wo Konzentration ist, ist auch Harmonie.

7

In einer perfekten Beziehung zwischen Mensch und Natur entsteht ein Energiekreis, in dem beide ineinanderfließen. Anderes gesagt: Wenn wir Menschen die Natur lieben, wird die Natur uns ebenso lieben. Sie wird nichts mehr vor uns verbergen und ihre unendlichen Schätze offenbaren, sie wird uns erlauben ihren Reichtum zu genießen. Wie eine Mutter wird sie uns schützen, nähren und versorgen.

8

Die Natur ist unsere erste Mutter. Sie nährt uns unser ganzes Leben lang. Unsere leibliche Mutter mag uns ein paar Jahre lang auf ihrem Schoß sitzen lassen, aber Mutter Natur trägt geduldig unser Gewicht solange wir leben. Sie singt uns in den Schlaf, ernährt und streichelt uns. So wie Kinder eine Verpflichtung gegenüber ihrer leiblichen Mutter haben, sollten auch wir Pflicht- und Verantwortungsgefühl für Mutter Natur haben. Vergessen wir diese Verantwortung, ist es gleichbedeutend mit dem Vergessen unseres eigenen Selbst.

9

Sollten wir Mutter Erde nicht danken, dass sie uns geduldig in ihrem Schoß annimmt, damit wir rennen, springen und spielen können? Sollten wir nicht dankbar sein, dass die Vögel für uns singen, die Blumen für uns blühen, die Bäume uns Schatten spenden und die Flüsse für uns fließen?

10

Ein Faktor, der die Menschen mit der Natur verbindet, ist unsere angeborene Unschuld. Fühlen wir noch die unschuldige Freude eines Kindes, wenn wir einen Regenbogen oder die Wellen im Meer sehen? Betrachte die Schönheit der Natur mit dem Bewusstsein, dass sie alle einzigartige Ausdrucksformen des Göttlichen sind.

11

In Gottes Schöpfung gibt keinen Fehler. Alles, was Gott erschaffen hat, ist auf seine eigene Weise besonders.

12

Die Natur ist voller unglaublicher Wunder. Ist ein kleiner Vogel, der weit oben im Himmel fliegt, nicht ein Wunder? Ist ein winziger Fisch, der in den Tiefen des Meeres schwimmt, kein Wunder?

13

Es gibt bestimmte Dinge im Leben, die uns immer wieder begeistern, egal wie oft wir an sie denken oder sie erleben – zum Beispiel das Meer. Das Meer hat genau wie der Himmel etwas Ewiges an sich. Unsere Verbundenheit mit der Natur ist genauso - wir entdecken immer wieder Neues.

14

Alles ist von Bewusstsein durchdrungen. Dieses Bewusstsein erhält die Welt mit all ihren Geschöpfen. Wenn wir alles als Ausdruck Gottes sehen und verehren, so wie es die Religion lehrt, lernen wir, die Natur zu lieben. Denk an die vielen Wunder der Natur: Kamele haben einen Wasserspeicher, Kängurus tragen ihre Babys in einem Beutel und selbst die kleinsten und scheinbar schädlichen Tiere und Pflanzen haben einen ganz bestimmten Zweck. Spinnen halten die Insektenpopulation im Gleichgewicht, Schlangen die Population der

Nagetiere. Das winzige, einzellige Plankton im Meer dient Walen als Nahrung. Jedes Wesen hat seine eigene Rolle.

15

Alles im Universum hat einen Rhythmus. Der Wind, der Regen, die Wellen, der Atemfluss und Herzschlag - alles hat seinen Rhythmus. In ähnlicher Weise gibt es einen Lebensrhythmus, der durch unsere Gedanken und Handlungen geschaffen wird. Wenn der Rhythmus unserer Gedanken gestört ist, spiegelt sich das in unseren Handlungen wider. Dies wiederum bringt den Lebensrhythmus aus dem Takt und das ist es, was wir heute überall um uns herum erleben.

16

Das Leben ist erfüllt von Gottes Licht. Aber nur durch Optimismus kannst du dieses Licht erfahren. Sieh dir den Optimismus der Natur an. Nichts kann ihn aufhalten. Jeder Aspekt der Natur trägt unermüdlich seinen Teil zum Leben bei. Die Beteiligung eines kleinen Vogels, eines Tieres, eines Baumes oder einer Blume ist immer vollständig. Egal wie schwierig die Umstände sind, sie versuchen es von ganzem Herzen.

17

Genieße die Schönheit der Natur in dem Bewusstsein, dass dies alles ein Ausdruck des Göttlichen ist.

18

Die Sterne funkeln am Himmel, die Flüsse fließen munter dahin, die Zweige der Bäume tanzen im Wind und die Vögel zwitschern fröhlich. Nun frage dich selbst: „Warum fühle ich mich so unglücklich inmitten dieser fröhlichen Feier?"

19

Blumen, Sterne, Flüsse, Bäume und Vögel haben kein Ego und weil sie kein Ego haben, kann sie nichts verletzen. Ohne Ego kann man nur Freude empfinden. Selbst Situationen, die normalerweise schmerzhaft wären, verwandeln sich in freudige Momente.

20

So wie die Natur die Voraussetzungen dafür schafft, dass aus einer Kokosnuss eine Kokospalme wird oder aus einem kleinen Samen ein großer Obstbaum heranwächst, schafft die Natur auch die notwendigen Bedingungen, damit das individuelle Wesen das höchste Selbst erreicht und im ewigen Eins-Sein aufgehen kann.

21

Die Natur ist wie ein Lehrbuch, aus dem wir lernen müssen. Jedes einzelne Naturobjekt ist eine Seite in diesem Lehrbuch. Alles in der Natur lehrt uns etwas. Die wichtigsten Lektionen, die wir von der Natur lernen können, sind Entsagung und Selbstlosigkeit.

22

Die Natur schenkt den Menschen all ihre Reichtümer. Genauso wie die Natur uns großzügig dient, schützt und hilft, liegt es auch in unserer Verantwortung, diese Hingabe der Natur zurückzugeben, indem wir ihr helfen. Nur so kann die Harmonie zwischen Mensch und Natur bewahrt werden.

23

Leben wir in Harmonie, Liebe und Einheit mit der Natur, werden wir die Kraft haben, jede Krise zu überwinden.

24

Von der Natur können wir viel lernen. Betrachte einen Apfelbaum: Er spendet selbst demjenigen Schatten, der ihn fällt und gibt alle seine süßen, köstlichen Früchte ab, ohne etwas für sich zu behalten. Sein ganzes Dasein dient anderen Lebewesen. Ebenso wäscht der Fluss den Schmutz von jedem ab, der in ihm badet, ohne eine Gegenleistung zu erwarten. Der Fluss nimmt bereitwillig das Unreine auf und gibt Reinheit zurück, indem er alles für andere opfert. Kinder, jedes Objekt der Schöpfung lehrt uns Opferbereitschaft.

25

Betrachte die Anmut der Natur. Schau dir dieses erstaunliche Universum an und wie harmonisch unser Planet und alle anderen Planeten funktionieren. Das unermessliche Spektrum an Schönheit und Ordnung, von der die Welt durchdrungen ist, verdeutlicht, dass hinter allem ein großes Herz und eine enorme Intelligenz steckt. Wie könnte so eine perfekte Ordnung und Schönheit existieren, ohne eine kosmische Intelligenz, eine universelle Macht, die alles lenkt?

26

Die Schöpfung ist kein Zufall - Sonne, Mond, Meere, Bäume, Blumen, Berge und Täler sind kein Zufall. Die Planeten kreisen um die Sonne, ohne je auch nur einen Zentimeter von ihrer vorgesehenen Umlaufbahn abzuweichen. Meere bedecken riesige Gebiete des Planeten, ohne die Erde zu verschlingen. Wäre diese wunderschöne Schöpfung bloßer Zufall, dann wäre sie nicht ein dermaßen geordnetes System.

27

Der Entschluss des Höchsten Seins steht hinter allem - dem Erblühen einer Blume, dem Zwitschern eines Vogels, dem Wehen des Windes und den Flammen des Feuers. Durch diese Kraft wächst alles und diese Kraft erhält alles. Dieser göttliche Entschluss ist die Quelle von Geburt, Wachstum und Tod aller Lebewesen, die Ursache der gesamten Schöpfung. Die Kraft des Höchsten Selbst erhält die Welt. Ohne diese Kraft würde die Welt aufhören zu existieren.

28

In den Schriften steht: „Isavasyamidam sarvam" - alles ist durchdrungen vom Bewusstsein Gottes. Die Erde, Bäume, Pflanzen und Tiere sind alle Manifestationen Gottes. Da dies so ist, müssen wir Liebe und Sorge für die Natur wie auch für einander aufbringen.

29

Wenn wir aus unserer angeborenen Unschuld heraus an ein Höchstes Sein glauben und voller Hingabe erfüllt sind, werden wir in allem das Göttliche erkennen: in jedem Baum und Tier, einfach in jedem Aspekt der Natur. Diese Haltung ermöglicht es uns, in perfekter Harmonie und im Einklang mit der Natur zu leben.

30

Konzentrierte Gebete werden die verlorene Harmonie der Natur wiederherstellen. Selbst wenn niemand sie hört, behält Mutter Natur jedes unserer aufrichtigen Gebete im Gedächtnis.

31

In Wahrheit hängen der Fortschritt und Wohlstand der Menschheit allein von dem Guten ab, das die Menschen für die Natur tun. Durch die Herstellung einer liebevollen Verbindung zwischen Mensch und Natur sichern wir sowohl das Gleichgewicht der Natur als auch den Fortschritt der Menschheit.

32

Es ist die dringende Pflicht aller Menschen, die Natur durch selbstlose Taten, die von Liebe, Glauben und Aufrichtigkeit geprägt sind, zu erfreuen. Wenn wir so handeln, wird die Natur uns im Gegenzug mit Fülle segnen.

33

Es ist falsch, etwas zu verschwenden, nur weil wir unachtsam sind. Jedes Objekt ist dafür geschaffen, genutzt zu werden. Jedes Objekt der Schöpfung hat einen bestimmten Zweck.

34

Die Existenz der Menschheit hängt völlig von der Natur ab. In Wirklichkeit schützen nicht wir die Natur — es ist die Natur, die uns schützt.

35

Die Natur opfert sich für die Menschen auf. Wir hingegen beuten sie nicht nur aus, sondern zerstören sie. Dennoch dient uns die Natur.

36

Früher war es nicht notwendig, sich besonders um den Umweltschutz zu kümmern, weil der Schutz der Natur Teil der Verehrung Gottes und des Lebens selbst war. Die Menschen dachten nicht nur an „Gott", sondern sie liebten und dienten der Natur und der Gesellschaft. Sie sahen den Schöpfer in der Schöpfung und liebten, verehrten und schützten die Natur als die sichtbare Form Gottes.

37

Mutter Erde dient uns. Sonne, Mond und Sterne dienen uns alle. Wie können wir ihren selbstlosen Dienst erwidern?

38

Mit dem Fortschritt von Wissenschaft und Technik wachsen Städte und Unternehmen. Je mehr Menschen in Städten leben, umso mehr nimmt auch die Abfallmenge exponentiell zu. Daher sollten wir wissenschaftliche Methoden zur richtigen Entsorgung dieses Abfalls entwickeln. Andernfalls wird unsere natürliche Umwelt verfallen und Krankheiten werden sich ausbreiten. Wir müssen uns so intensiv wie möglich für Recycling und Wiederverwendung von „Müll" einsetzen. Wenn wir Abfall recyceln und wiederverwenden, wird das Leben fortbestehen. Es sollte unser Ziel sein, eine Welt ohne Müll zu schaffen.

39

Wir müssen uns bemühen, unseren Kindern schon in jungen Jahren Werte zu vermitteln und ihnen beizubringen, einander zu lieben. In die Lehrpläne unserer Schulen und Hochschulen sollten Lektionen über Liebe und Mitgefühl aufgenommen werden, um Ausbeutung und Unterdrückung zu beenden. So werden weniger Kriege und gewalttätige Auseinandersetzungen stattfinden und wir können bis zu einem gewissen Grad den Traum vom Weltfrieden verwirklichen. Wächst die gegenseitige Liebe, wird auch die Natur friedvoll.

40

Sieh die Schönheit der Natur. Im Einklang mit der Natur zu leben, bringt von selbst Glück und Zufriedenheit.

41

Die heutige Generation lebt, als hätte sie keine Beziehung zur Natur. Alles um uns herum ist künstlich. Wir essen Obst und Getreide, die mit Kunstdünger und Pestiziden angebaut werden. Mit Konservierungsstoffen verlängern wir ihre Haltbarkeit. Auf diese Weise essen wir bewusst oder unbewusst ständig Gift. Infolgedessen treten viele neue Krankheiten auf. Früher betrug die durchschnittliche Lebenserwartung mehr als 100 Jahre. Heute leben die Menschen jedoch nur noch 80 Jahre oder weniger und mehr als 75 Prozent der Bevölkerung werden an Krankheiten leiden.

42

Der Wunsch nach höheren Ernten führt oft zum Einsatz von Kunstdünger und Pestiziden. Vor lauter Gier vergessen wir, die Pflanzen zu lieben. Einen Luftballon kann man nur bis zu einer bestimmten Grenze aufblasen, danach platzt er. Genauso hat Saatgut eine bestimmte Ertragsgrenze. Wenn wir versuchen, den Ertrag durch künstliche Mittel zu steigern, wird dies die Stärke und Qualität des Samens beeinträchtigen und auch denen schaden, die ihn essen.

43

Indem du Pflanzen schadest, verlängerst du ihr Karma. Dein Egoismus blockiert ihre Entwicklung zu einer höheren Lebensform und hindert sie daran, die ewige Freiheit zu erlangen.

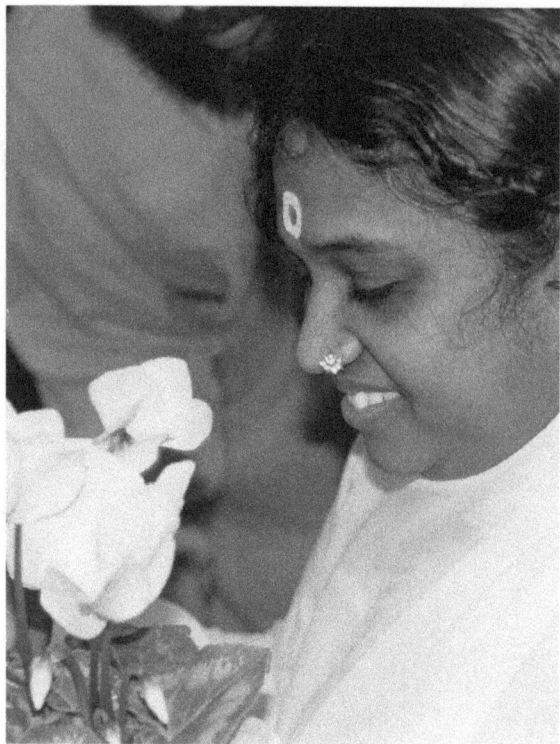

44

Wissenschaftliche Erfindungen sind sehr nützlich, aber sie sollten nicht gegen die Natur gerichtet sein. Die Wissenschaft hat Unvorstellbares erreicht, aber leider haben wir die Klarheit verloren, die ganze Wahrheit zu erkennen und mit Unterscheidungsvermögen zu handeln. Ein Wissenschaftler sollte ein Liebender sein - ein Liebender der Menschheit, ein Liebender der gesamten Schöpfung und ein Liebender des Lebens.

45

Mit zunehmendem Egoismus entfremden wir uns von der Natur und beginnen, sie auszubeuten. Die Natur für unsere Bedürfnisse zu nutzen, ist akzeptabel, aber mehr zu nehmen, als wir brauchen, verändert die Umstände und es wird zur Ausbeutung. Wir müssen daran denken, dass wir das Leben dieser Pflanzen oder dieser Tiere zerstören, wenn wir mehr nehmen als wir benötigen.

46

Betrachte die Schönheit und Vollkommenheit der Natur. Sie ist so voller Freude, obwohl sie nicht die Intelligenz der Menschen hat. Die ganze Schöpfung jubelt. Eine Blume hat eine kurze Lebensdauer, doch sie bietet sich anderen bereitwillig an. Sie bietet ihren Nektar den Bienen dar - und das bringt Glück.

47

Mutter Erde wird ausgebeutet, ungeachtet der wunderbaren Segnungen und Gaben, die sie uns schenkt. Dennoch erträgt Mutter Erde alles geduldig und segnet die Menschheit mit unermesslichem Reichtum und Wohlstand.

48

Dank Gottes allumfassender Liebe und Mitgefühl lehrt und inspiriert Amma alle Wesen auf der Erde, geduldig und mitfühlend mit den Menschen zu sein, auch wenn diese ihre Liebe nicht erwidern.

49

Unersättlich und von Gier getrieben, mehr zu erreichen und zu besitzen, begehen die Menschen alle möglichen krummen Handlungen, die Mutter Natur verschmutzen und ausbeuten. In ihrer Selbstsucht versunken haben die Menschen vergessen, dass wir alles von Mutter Natur erhalten haben — und ohne sie alles verlieren werden.

50

Laut Sanatana Dharma, der ewigen Religion, ist die Natur nicht anders als der Mensch. Es gibt ein Mantra, das wir jeden Tag rezitieren: „Lokah Samastah Sukhino Bhavantu", was bedeutet: „Mögen alle Wesen in allen Welten friedvoll und glücklich sein." Dieses Mantra schließt die gesamte Natur, das gesamte Pflanzen- und Tierreich und die gesamte Schöpfung ein. Die Einheit in der Vielfalt zu sehen, ist das, was uns Sanatana Dharma lehrt und es ist der Kern dieses Mantras.

51

Die Natur ist wie ein riesiger Blumengarten. Tiere, Vögel, Bäume, Pflanzen und Menschen sind die verschiedenfarbig blühenden Blumen des Gartens. Die Schönheit dieses Gartens ist nur dann vollständig, wenn alle im Einklang existieren und dadurch Schwingungen von Liebe und Eins-Sein verbreiten. Lasst uns zusammenarbeiten, damit diese vielfältigen Blumen nicht verwelken und der Garten somit ewig schön bleibt.

52

Die moderne Wissenschaft sagt, dass Bäume und Pflanzen auf die Gedanken und Handlungen der Menschen reagieren. Wissenschaftler haben Instrumente entwickelt, welche die Gefühle von Pflanzen erkennen und aufzeichnen können und in manchen Fällen sogar die Intensität solcher Gefühle messen. Sie haben beobachtet, dass Pflanzen durch liebloses Handeln und Mangel an Mitgefühl ebenfalls leiden. Vor langer Zeit erkannten die Heiligen und Weisen Indiens diese große Wahrheit und lebten ein Leben der vollkommenen Schadensfreiheit.

53

Die Natur ist wie eine Gans, die goldene Eier legt. Wenn wir meinen, wir könnten alle goldenen Eier für uns beanspruchen und die Gans töten, wird dies zu einer totalen Zerstörung der Menschheit führen. Für unser eigenes Überleben und das Überleben der kommenden Generationen müssen wir aufhören, die Natur zu verschmutzen und auszubeuten.

54

Menschen haben durch ihre egozentrischen Gedanken und Handlungen die Atmosphäre verunreinigt. Sie ist belastet durch giftigen Qualm aus Fabriken und Abgase von Autos und Bussen - doch das schlimmste Gift, das die Atmosphäre vergiftet, sind die selbstsüchtigen und boshaften Gedanken der Menschen.

55

Nur wenn wir die Natur lieben und respektieren, können wir spirituell erwachen. Unser Ziel ist es, das Leben in allem zu spüren.

56

Die Natur ist ein Kalpa-Vrksha, ein wunscherfüllender Baum, der die Menschheit im Überfluss beschenkt. Aber heute ist unsere Situation wie die eines Narren, der den Ast absägt, auf dem er sitzt.

57

Selbst wenn wir nur ein kleines Stück Land haben, sollten wir versuchen, ein wenig Gemüse anzubauen und dabei biologische Düngemittel zu verwenden. Wir sollten Zeit mit diesen Pflanzen verbringen, mit ihnen sprechen, sie berühren, ihnen etwas vorsingen. Diese Beziehung wird uns neue Lebenskraft geben.

58

Alle wissen, dass Menschen in einer Wüste nicht leben können. Wenn keine Luftreinigung stattfindet, leidet die Gesundheit der Menschen. Wir sollten viele Bäume und Heilpflanzen anbauen, denn sie reinigen die Luft. Viele Krankheiten können verhindert werden, wenn wir die Luft einatmen, die mit Heilpflanzen in Berührung gekommen ist.

59

Manche sagen, dass wir für jeden Baum, den wir fällen, zwei neue pflanzen sollten. Allerdings reicht das nicht aus. Denn ein alter und großer Baum bewirkt sehr viel mehr als zwei kleine junge Bäumchen. Wenn von einem Desinfektionsmittel weniger als die vorgeschriebene Menge genutzt wird, verringert sich die Wirkung. Wird eine ayurvedische Medizin nur aus acht, statt der erforderlichen zehn Zutaten hergestellt, hat sie nicht die gewünschte Wirkung. Ebenso wird das Gleichgewicht der Natur gestört, wenn zwei kleine Setzlinge einen großen Baum ersetzen.

60

Vor langer Zeit erkannten die Heiligen und Weisen Indiens durch tiefe Meditation, dass auch Pflanzen und Bäume Gefühle haben und sie diese sogar bis zu einem gewissen Grad ausdrücken können. Wenn wir uns Pflanzen und Bäumen gegenüber liebevoll und mitfühlend verhalten, können wir lernen, ihnen zuzuhören und sie zu verstehen.

Die alten Weisen gaben den eindringlichen Rat, Bäume zu verehren und lehrten, dass die Natur unbedingt beschützt und bewahrt werden muss. Weil sinnlos Bäume gefällt wurden, regnet es heute während der Monsunzeit nicht mehr genügend. Mit der zunehmenden Erderwärmung verändert sich das Klima überall auf der Welt. Bäume reinigen die Atmosphäre, durch die Aufnahme und Umwandlung von Kohlendioxid, das Menschen ausatmen. Somit tragen sie wesentlich zur Harmonie der Natur bei. Selbst das mentale Verehren und Schützen

der Bäume, die uns so viel Gutes bringen,
ist von Nutzen.

62

Um die Lebensnotwendigkeiten zu decken, ist es nicht falsch, Bäume zu fällen und Heilpflanzen aus den Wäldern zu sammeln. Es ist sicherlich notwendig, ein Haus zu haben, das uns vor Regen und Sonne schützt. Aber es ist nicht notwendig, ein Haus zu bauen, das unseren Reichtum und luxuriösen Lebensstil zur Schau stellt. Es ist nicht adharmisch (unrecht), eine notwendige Menge Holz zu fällen um damit ein Haus zu bauen. Nur unüberlegtes, achtloses Handeln ohne Unterscheidungsvermögen verletzt das Dharma (Rechtschaffenheit).

63

Gegenwärtig ist die größte Bedrohung für die Menschheit nicht ein dritter Weltkrieg, sondern der Harmonieverlust in der Natur und unsere zunehmende Entfremdung von ihr. Wir sollten so wach und achtsam werden wie ein Mensch, der von einer Waffe bedroht wird. Nur dann kann die Menschheit überleben.

64

Wälder werden abgeholzt, um Wohnkomplexe an ihrer Stelle zu bauen. Viele Vögel nisten in diesen Wohnkomplexen. Wenn wir diese Nester genau betrachten, werden wir sehen, dass sie aus Drähten und Plastikstücken bestehen, weil es immer weniger Bäume gibt. Vielleicht gibt es in Zukunft überhaupt keine Bäume mehr. Die Vögel lernen sich ihrer neuen Umgebung anzupassen.

65

Pflanzt Bäume! Es ist ein Segen das zu tun. Bäume überleben uns und versorgen noch die kommenden Generationen mit ihren Früchten und spenden ihnen Schatten. Jeder von uns sollte sich vornehmen, mindestens einen Baum pro Monat zu pflanzen. In einem Jahr sind das 12 neue Bäume. Gemeinsam können wir so die natürliche Schönheit der Erde wiederherstellen.

66

Jede Familie sollte Bäume und Pflanzen in ihrem Garten anbauen. Einen Baum zu pflanzen, ist ein selbstloser Dienst an der Gesellschaft. So wie wir uns jetzt an den Bäumen erfreuen, die Menschen in vergangenen Zeiten gepflanzt haben, sollten auch wir für zukünftige Generationen Bäume pflanzen. Wenn wir bisher keine selbstlosen Handlungen durchgeführt haben, können wir jetzt damit anfangen, indem wir einen Baum oder Setzling pflanzen. Das wäre eine wirklich selbstlose Tat, die sowohl anderen als auch uns selbst zugutekommt.

67

Kinder, die Natur um uns herum ist ein Symbol für Entsagung. Wie Berge, Flüsse und Bäume lehrt uns jedes einzelne Objekt in der Natur Lektionen in Selbstlosigkeit. Betrachtet einen Baum: Er gibt Früchte, spendet Schatten und kühle Luft. Er spendet sogar noch demjenigen Schatten, der ihn fällt. In ähnlicher Weise praktiziert jedes Wesen und jeder Organismus in der Natur auf die eine oder andere Weise Entsagung.

68

Kinder, keinen Krümel unserer Nahrung verdanken wir nur unserer eigenen Anstrengung. Was uns in Form von Nahrung erreicht, ist das Werk anderer, die Großzügigkeit der Natur und das Mitgefühl Gottes. Selbst wenn wir viele Millionen Euro besitzen, brauchen wir Lebensmittel, um unseren Hunger zu stillen. Können wir Geld essen?

69

Lasst uns von der Natur nur das nehmen, was wir wirklich zum Leben brauchen und versuchen, ihr etwas zurückzugeben. Angenommen, zwei Kartoffeln reichen aus, um ein Gericht zu kochen, wäre es rücksichtslos noch eine dritte Kartoffel zu nehmen. Wenn wir mehr als unseren Anteil von Mutter Natur nehmen, verweigern wir auch anderen ihren Anteil. Vielleicht hätte ein Nachbar, der nicht genug zu essen hat, sich daraus noch eine Mahlzeit zubereiten können. So gesehen, wenn wir die Natur ausbeuten, beuten wir auch andere aus.

70

Wenn sich Mitgefühl in uns entfaltet, wünschen wir aufrichtig, allen Wesen zu helfen und sie zu schützen. In solch einem Zustand pflücken wir nicht ein einziges Blatt unnötig ab. Zehn Blätter zu pflücken, wenn nur fünf benötigt werden, ist eine unrechtmäßige (adharmische) Tat. Wir würden eine Blume erst am letzten Tag ihres Lebens pflücken, kurz bevor sie vom Stängel fällt - denn was für ein Schaden wäre es für die Blume, wenn wir sie aus Gier bereits beim ersten Erblühen pflücken.

71

Der endlose Strom der Liebe, der von einem wahrhaft gläubigen Menschen zur gesamten Schöpfung fließt, wirkt sanft und beruhigend auf die Natur. Unsere Liebe ist der beste Schutz für die Natur.

72

Die Notwendigkeit der Stunde ist es, eine Gesellschaft guter Menschen zu kultivieren. Als spirituelle Wesen sollten wir alle danach streben, ein reines, geradliniges und aufopferungsbereites Leben zu führen. Ein spirituelles Wesen sollte wie ein Baum sein, der selbst demjenigen noch Schatten spendet, der ihn fällt. Es sollte sein wie der Wind, der gleichermaßen über Mist und Blumen weht.

73

In das Reich Gottes wirst du nicht eingelassen, ohne dass selbst die kleinste Ameise dir ihre Unterschrift gibt. Die erste Voraussetzung für die Befreiung, neben dem ständigen Gedenken an das höchste Wesen, ist die Liebe zu allen Wesen, sowohl empfindungsfähig als auch nichtempfindungsfähig. Wenn du diese Herzensgröße erreichst, ist die Befreiung ganz nah.

74

Wer den Mut hat, die Begrenzungen des Minds zu überwinden, erreicht den Zustand universeller Mutterschaft. Diese Art von Liebe und Mitgefühl bezieht nicht nur das eigene Kind mit ein, sondern erstreckt sich auf alle Menschen, Tiere, Pflanzen, Steine und Flüsse. Diese Liebe gilt der gesamten Natur und allen Lebewesen. Wer zur wahren Mutterschaft erwacht, betrachtet alle Geschöpfe als eigene Kinder. Dieses Erwachen der Liebe, diese Mutterschaft, ist göttliche Liebe. Es ist Gott.

75

Wir sind uns mittlerweile der Notwendigkeit bewusst, Mutter Erde zu schützen - das ist etwas ganz Wesentliches. Aber wir müssen uns auch um die Verschmutzung unserer inneren Welt kümmern. Unsere negativen Gedanken und Handlungen verunreinigen die Atmosphäre und das Bewusstsein der Menschheit. Nur durch Liebe und Mitgefühl ist der Schutz und die Erhaltung der Natur möglich.

76

Mit zunehmendem Mangel an Werte und Rechtschaffenheit hat die Natur zu reagieren begonnen. Da es immer weniger Bäume gibt, regnet es auch weniger oder zur falschen Zeit. Ähnlich ist es mit der Sonne: Sie scheint heutzutage entweder zu viel oder zu wenig. Das sind nur einige Auswirkungen unserer falschen Einstellungen und Handlungen.

77

Negative Gedanken und Handlungen verunreinigen die Atmosphäre und das Bewusstsein der Menschheit. Wenn wir unser Verhalten nicht verändern, bereiten wir unseren eigenen Untergang vor. Das ist keine Strafe, sondern eine Verletzung, die wir uns selbst zufügen. Wir nutzen nicht die Gaben, die Gott uns gegeben hat, um zu denken, zu unterscheiden und weise zu handeln.

78

Meine Kinder, Naturschutz sollte zu unseren höchsten Prioritäten gehören. Wir müssen aufhören die Umwelt wegen Profiten und anderen selbstsüchtigen, kurzzeitigen Interessen zu ruinieren. Wir haben nicht das Recht dazu. Wir sind nicht in der Lage, die Natur zu erschaffen. Deshalb dürfen wir sie nicht zerstören. Nur Gott kann erschaffen, erhalten und zerstören - diese drei Eigenschaften liegen außerhalb unserer Möglichkeiten.

79

Das Leben ist vollkommen, wenn Mensch und Natur harmonisch voranschreiten. Wenn Melodie und Rhythmus einander ergänzen, wird die Musik schön und angenehm für das Ohr. Ebenso wird das Leben zu einem schönen Lied, wenn die Menschen im Einklang mit den Gesetzen der Natur leben.

80

Gott wohnt nicht nur im Menschen, sondern auch in den Tieren und in allen anderen Lebensformen: in den Bergen, Flüssen, Tälern und Bäumen, Vögeln, Wolken, Sternen, in Sonne und Mond - überall. Gott wohnt in „Sarvacharaachara", im Bewegten ebenso wie im Unbewegten. Wie kann ein Mensch, der dies versteht, töten und zerstören?

81

Aufrichtige Devotees und Wahrheitssuchende können der Natur nicht schaden, da sie die Natur als Gott sehen. Sie empfinden die Natur nicht als etwas Getrenntes. Sie sind die wahren Liebhaber der Natur. Wo es keinen Mind und kein Ego gibt, bist du eins mit der ganzen Existenz. Kinder, wenn ihr eins mit der Schöpfung seid, wenn euer Herz mit nichts als Liebe erfüllt ist, dann ist die ganze Natur euer Freund und wird euch dienen. Das Universum mit all seinen Wesen ist euer Freund.

82

Wenn wir Mutter Natur und ihre selbstlose Art zu geben betrachten, können wir uns unserer eigenen Begrenzungen bewusst werden. Dies hilft uns dabei, Hingabe an das höchste Sein zu entwickeln. Die Natur kann uns näher zu Gott bringen und uns lehren, wie wir das Göttliche wirklich verehren.

83

Nur durch Liebe und Mitgefühl sind der Schutz und die Erhaltung der Natur möglich. Aber beide Qualitäten schwinden schnell in den Menschen. Um wirkliche Liebe und Mitgefühl zu empfinden, muss man die Einheit der Lebenskraft erkennen, die das gesamte Universum erhält und die Grundlage dafür ist.

84

Die jungen Menschen von heute sind die Säulen der Welt von morgen. Die Jugend hat das Potenzial, einen großartigen Wandel in der Welt zu bewirken. Engagierte junge Menschen können auch andere Menschen dazu anregen, gemeinsam Projekte zum Schutz der Natur zu starten. Wir sollten ihre Energie auf eine gute Sache lenken.

85

Die Erde kann nicht zum Besseren verändert werden, solange sich das Bewusstsein der Individuen nicht zuerst ändert. Wir können uns dazu verpflichten, unser Bewusstsein zu erhöhen, indem wir unsere Gedanken durch Meditation, Gebet und positives Denken disziplinieren. Wir können uns zu einer globalen Ethik des gegenseitigen Verstehens und einer sozialverträglichen, friedlichen und naturliebenden Lebensweise bekennen. Mit Risiko und Bereitschaft zum Opfer kann eine grundlegende Veränderung unserer Situation erreicht werden.

86

Die Ehrfurcht und Hingabe, die die Menschen durch ihren Glauben entwickeln, sind sehr vorteilhaft — sowohl für die Menschheit als auch für die Natur. Das Rezitieren eines Mantras oder Gebets mit Konzentration wird definitiv eine positive Veränderung in der Natur bewirken und helfen, Harmonie wiederherzustellen.

Wir mögen zweifeln, ob wir die Kraft haben, das verlorene Gleichgewicht in der Natur wiederherzustellen. Wir könnten uns fragen: „Sind wir Menschen nicht zu begrenzt?" Nein, das sind wir nicht! Wir haben unendliche Kraft in uns, aber wir schlafen tief und sind uns unserer eigenen Stärke nicht bewusst. Diese Kraft wird erwachen, wenn wir in unserem Inneren erwachen.

88

Ein Mensch, der eins mit dem höchsten Bewusstsein ist, ist auch eins mit der gesamten Schöpfung. Eine solche Person ist nicht mehr nur der Körper, sondern ist reine, alles durchströmende Lebenskraft - das höchste Bewusstsein, das jedem und allem seine Schönheit und Lebendigkeit verleiht.

89

Mahatmas (verwirklichte Wesen) manifestieren sich in allen Erscheinungsformen des Universums: in Sonne, Mond, Meeren, Bergen, Bäumen und Tieren. Wer ohne Ego ist, ist alles. Das gesamte Universum ist eins mit einem verwirklichten Wesen.

90

Mehr als das Wissen der modernen Wissenschaft ist es das tiefere spirituelle Verständnis— die Wahrheit der Einheit in der gesamten Schöpfung — welches die Menschen lehrt, die Natur zu lieben und ehrfürchtige Hingabe gegenüber allen Wesen zu entwickeln. Du magst vielleicht denken, dass das Zerstören eines Baumes oder einer Pflanze ein geringeres Unrecht ist als das Töten eines Menschen. Dieses Konzept ist jedoch falsch.

91

Auch Pflanzen und Bäume haben Gefühle und können Angst empfinden. Wenn sich jemand einem Baum oder einer Pflanze mit einer Axt oder einer Gartenschere nähert, fürchtet sich die Pflanze und zittert vor Angst. Um ihre Schreie zu hören, braucht man ein feines Gehör, um ihre Hilflosigkeit zu sehen, ein feines Auge und um ihre Angst zu fühlen, einen feinen Mind. Auch wenn wir das Leiden der Pflanze nicht sehen können, kann ein mitfühlendes Herz es spüren. Unser inneres Auge muss sich öffnen, um den Schmerz einer Pflanze wahrzunehmen. Da wir mit den physischen Augen so subtile Dinge nicht sehen können, vernichten wir hilflose Bäume und Pflanzen.

92

Wenn Menschen die Natur durch gute Gedanken und Handlungen glücklich machen, segnet sie uns mit reicher Ernte. In Kerala gibt es das traditionelle Fest ‚Pongal‘, was so viel heißt wie ‚Überfluss‘. In dieser Zeit fließt die Liebe der Menschen in die Natur und diese gibt den Menschen Liebe im Überfluss zurück. Der universelle und der individuelle Mind verbinden sich um eins zu werden.

93

Wenn du dich in tiefster Demut vor der gesamten Existenz verneigst, verneigt sich das Universum vor dir und dient dir.

94

Man sagt, die Lebensspanne eines Schmetterlings betrage nur wenige Tage bis eine Woche. Doch wie fröhlich fliegt er umher! Er verbreitet überall Freude und Glückseligkeit. So sollten auch unsere Leben sein.

95

In einer Phase ihres Lebens wurde Amma aufgrund ihres ungewöhnlichen Verhaltens von allen Menschen abgelehnt. In dieser Zeit kümmerten sich Vögel und Tiere um sie: Ein Adler kreiste über ihr und ließ Fische fallen, die Amma roh aß; ein Hund brachte ihr regelmäßig Essenspakete. Als Amma aus ihren glückseligen Samadhi-Zuständen erwachte, kam eine Kuh und stellte sich vor Amma, damit sie aus ihrem Euter so viel Milch trinken konnte, wie sie wollte.

96

Wenn wir Mutter Natur als Verkörperung Gottes erkennen, geschieht es wie von selbst, dass wir sie umsorgen und beschützen. Wenn wir der Natur mit Liebe begegnen, ist sie wie unser bester Freund, der uns niemals im Stich lässt.

97

Meine Kinder, betrachtet die Natur und stellt euch vor, dass eure geliebte Gottheit in Bäumen, Bergen und anderen Erscheinungsformen verkörpert ist. Sprecht mit eurer geliebten Gottheit. Stellt euch eure Gottheit im Himmel vor und ruft sie. Teilt eure Sorgen mit; warum solltet ihr eure Traurigkeit anderen erzählen?

Es ist höchste Zeit, ernsthaft darüber nachzudenken, die Natur zu schützen. Die Zerstörung der Natur ist gleichbedeutend mit der Zerstörung der Menschheit. Bäume, Tiere, Vögel, Pflanzen, Wälder, Berge, Seen und Flüsse – alles, was in der Natur existiert, braucht dringend unsere Fürsorge, unser mitfühlendes Handeln und unseren Schutz. Wenn wir die Natur schützen, wird sie im Gegenzug uns beschützen.

99

Die Konzentration spiritueller Menschen kommt der Natur zugute. Gebet und spirituelle Konzentration sind kraftvolle Mittel, um die Atmosphäre zu reinigen. Gleichzeitig können wir auch spirituelle Kraft, Hoffnung und Vertrauen aus der Natur schöpfen – durch Gebet, Gesang und Meditation, sei es mit Worten oder in der Stille.

100

Jeder noch so kleine Einsatz, den wir zum Schutze der Umwelt unternehmen, ist wertvoll, weil er dazu beiträgt, das Leben zu erhalten. Dies ist tatsächlich wertvoller als jede Art von materiellem Reichtum. In der Schule sollten wir in den Kindern ein Interesse am Schutz der Natur wecken - so wie wir in ihnen das Interesse geweckt haben, Geld zu verdienen.

101

In ihrer Erregung, die durch die unrechten Handlungen der Menschen verursacht wurde, hat Mutter Natur begonnen, ihre Segnungen zurückzuziehen Es ist die dringende Pflicht aller Menschen, sie durch selbstlose Taten, die von gegenseitiger Liebe, Vertrauen und Aufrichtigkeit erfüllt sind, zu besänftigen. Nur dann wird die Natur ihren Segen wieder über die Menschheit verströmen und sie mit unendlichen Ressourcen segnen.

102

Angenommen, du hast zehn Samen. Verbrauche neun davon, wenn du willst, aber lass mindestens einen Samen für die Aussaat übrig. Nichts sollte vollständig zerstört werden. Wenn du hundert Dollar aus einer Ernte erhältst, sollten mindestens zehn Dollar für wohltätige Zwecke gegeben werden.

103

So wie sich die Erde regelmäßig um die Sonne dreht, bewegt sich auch die gesamte Natur in einem zyklischen Muster. Die Jahreszeiten folgen einem Kreislauf: Frühling, Sommer, Herbst, Winter und wieder Frühling. Aus einem Samen wächst ein Baum und dieser liefert wiederum Samen. Ebenso folgen Geburt, Kindheit, Jugend, Alter, Tod und wieder Geburt aufeinander. Die Zeit bewegt sich im Kreis und nicht in einer geraden Linie. Karma und seine Folgen müssen von jedem Lebewesen unvermeidlich erfahren werden, bis der Mind zur

Ruhe kommt und man in seinem eigenen Selbst zufrieden ist.

104

Schaut euch die frischen Rosen an, wie wunderschön sie sind, wie sie duften. Aber was geben wir ihnen, damit sie wachsen? Nur ein wenig gebrauchte Teeblätter und Kuhdung! Was ein Unterschied zwischen diesen wunderschönen Blumen und dem Dünger, den wir ihnen geben. Ebenso sind Schwierigkeiten in unserem Leben wie Düngemittel, die uns helfen spirituell zu wachsen, damit unser Herz vollständig erblüht.

105

Denk immer daran, wenn die Abenddämmerung heraufzieht, trägt sie die Morgendämmerung bereits in sich.

106

Wir sollten uns daran erinnern, dass alles empfindungsfähig ist; alles ist voller Bewusstsein und Leben. Alles existiert in Gott. So etwas wie bloße Materie gibt es nicht, nur Bewusstsein existiert. Wenn wir allen Situationen mit dieser Einstellung begegnen, können wir unmöglich etwas zerstören und die Idee von Zerstörung an sich verschwindet. Alles existiert in Gott.

107

Kinder, göttliche Liebe ist unsere wahre Natur. Die Liebe leuchtet in jedem Einzelnen von uns. Ohne die Kraft dieser Liebe kann nichts in Erscheinung treten.

108

Oh Göttlicher, siehst du mich hier? Mögen Deine sternenbedeckten Hände mir Gnade gewähren, mir die Kraft geben, mich stets an Dich zu erinnern und den Schmerz, um Dich zu rufen. Du bist meine einzige Zuflucht und mein Trost. Glückselig und schön ist Deine göttliche Welt! Erhebe mich in Deine Welt voller funkelnder Sterne!